WIR MÖCHTEN AUCH VOM ARNO-SCHMIDT-JAHR PROFITIEREN

05.04.79

Oswald Wiener

Matthes & Seitz Verlag
München

 Gesamtherstellung: Frühmorgen & Holzmann, München. Printed in Germany. ISBN 3-88221-305-1

A. SCHMIDT'S „ZETTELS TRAUM"

wenn man den vorankündigungen und vor-rezensionen glauben schenken will, so liefert uns ARNO SCHMIDT mit seinem vorläufigen hauptwerk ZETTELS TRAUM (Stahlberg 1970) ein hauptwerk der deutschen literatur überhaupt. „Der kluge Rezensent sagt ein Jahr lang gar nichts" dazu, empfahl SCHMIDT im SPIEGEL; ich habe, mit unterbrechungen, ein jahr gebraucht, um sein buch aufmerksam zu lesen (das lektorat ausgenommen hat wohl ausser uns beiden niemand diese arbeit zu ende geführt), und würde am liebsten überhaupt nichts dazu sagen. da jener anspruch aber von SCHMIDT selbst vorgetragen wird und von schnell fertigen enkomiasten in einflussreichen blättern wiederholt, gibt es zu kritik ein starkes motiv.

personen, handlung

das werk beschreibt vierundzwanzig stunden eines sommertages 1968 auf der heide: ein ehepaar aus Lünen besucht mit sechzehnjähriger tochter den schriftsteller DANIEL PAGENSTECHER, um von ihm, dem freund von jugend her, ratschläge für eine neu-herausgabe der werke EDGAR POEs einzuholen. spaziergänge über die heide, im wald, an teichen, im dorf, und zwischendurch immer wieder das verweilen der gruppe in PAGENSTECHERs haus bilden den rahmen für gespräche. PAGENSTECHERs dozentur über POE ist der hauptentwick-

lungsstrang des buches. in sie gliedert sich auf noch darzulegende weise die ganze handlung, auf sie hin sind die figuren konstruiert, sie allein bestimmt die choreographie der episoden – und nicht etwa der ,,untrügliche Realitätssinn" des autors (prospekt).
PAGENSTECHER ist fünfundfünfzig jahre alt. er ist in deutscher und englischer belletristik des achtzehnten und neunzehnten jahrhunderts (schriftsteller vor 1700, meint er, taugen nichts) gut aber eigentümlich selektiv belesen, und sieht in dieser belesenheit die frucht eines entbehrungsreichen lebens – den trost für körperliche und geistige unzulänglichkeiten mancher art (,,habe . . . darauf verzichtet, zu ‚existieren' –: dafür versteh Ich was von Litteratour") ebenso wie die quelle seiner autorität als eins der drei bis vier lebenden ,,GroßGenien" abteilung wortkunst. in vielerlei hinsicht ähnelt dieser PAGENSTECHER dem autor von ZETTELS TRAUM: sein vater OTTO war polizist in Hamburg, er wohnt dorfrands irgendwo im kreis Celle, ist urheber einer FOUQUÉ-biographie und schrieb bücher namens KAFF . . ., . . . POCAHONTAS, GELEHRTENREPUBLIK, ORPHEUS, über KARL MAY etc.; das buch ist in der ichform erzählt. ob auch andere details auf SCHMIDT zutreffen, kann ich nicht beurteilen: PAGENSTECHER trägt Nyltest-hemden, Stretch-socken, hosen mit weiten beinen (,,‚enge' mögn die BeatleDeppm tragn"), hat immer klopapier bei sich und nimmt nächtlich präservative, um bei etwaigen pollutionen das bett nicht zu beschmutzen. er ist ferner opernkenner, DE GAULLE-anhänger, knoblauchhasser, gegen GERTRUDE STEIN (,,Tinnef"), HENRY MILLER, PROUST und BILD; BEAT-

LES wie BECKETT sind ihm ,,Krampfhennen"; er ist kinderfeind und hasst die jugend; er ist gegen die koedukation: mädchen ,,(feiern)s Abitur mit Tripper oder Zwillingen, *falls* se überhaupt soweit komm', und sich nich mit ‚gammeln' begnügn", und vertritt eine bemerkenswerte sozialphilosophie: ,,es gibt unvergleichlich =mehr lasterhafde Arme, als lasterhafde Reiche. – Ich fürchde=immer, Ihr verkennt, daß ‚Die Armen' – (& es *gibt* ja keine Armen mehr bei=uns!: jeder Scheiß BergArbeiter verdient mehr, als der größde garret=Dichter!) – schmierig=&=doof sind, nicht aus Mißgeschick?–: sondern weil es ihr Geschmack ist!!! –; (& das war die SCHRECKlichsde Meiner (sozial'n) Erkenntnisse DU!))".
nach dem vorgang der lehrgespräche (etwa GIORDANO BRUNOs) sind diesem ,,Herrn der Bücher und Geister" (prospekt) teils syn- teils antithetisch, um seinem monolog den anschein gerichteter kommunikation zu geben und als stichwortbringer für exkurse und redewendungen die anderen figuren untergeordnet. JACOBY, der POE-übersetzer, ein duckmäuser unter dem pantoffel seiner frau, ein säufer, ist ,,kein *ganz*=gewöhnlicher Mensch". seine rolle ist die des wohlwollenden, leicht überzeugten schülers; deutlich wird sie (und auch der grund zur wahl der dialog-form) immer dort, wo er PAGENSTECHERs lehre zusammenzufassen sucht: er bekommt immer nur teilweise recht, PAGENSTECHER/SCHMIDT behält sich die weihe der tiefsten einsichten immer noch vor (wohl weil das résumé heikel-eindeutig auszufallen pflegt). JACOBYs weib WILMA verkörpert so etwas wie ein realitätsprinzip. ihre rolle ist es, PAGENSTE-

CHER durch ungläubigen bis heftigen widerspruch auf niedrigem niveau zu stets detaillierterer erklärung seiner thesen zu zwingen. rollengemäss ist sie bemüht unsympathisch gezeichnet und steht im vollständigkeitshalber mitgelieferten ,,GenerationenKonflikt" mit der tochter schlecht da. die, FRANZISKA, ist in dem alter, ,,wo man sich –(sehr richtig, übrigens!)– Opernmelodien einprägt" und besitzt ein anderes – lasterhaftes – ich in gestalt ihrer schulfreundin CHRISTA JUNGE aus dem ,,Museum der Gegenbeispiele" (MORGENSTERN). ihre rolle besteht aus rückhaltloser demonstration von bewunderung für PAGENSTECHER. in ihrer sonderbaren unwissenheit in sexuellen dingen gibt sie ihm immer wieder gelegenheit, alles ganz genau (d.h. so, wie es in den schlimmen büchern steht) zu erklären.

sexualität

und erklärt wird viel! alle geheimnisse des körpers kommen dran und werden nach dem wissensstand und gesichtspunkt von MAGNUS HIRSCHFELD (der sonderbarer weise englisch vorliegt) durchgearbeitet. als ob die zeiten stehen geblieben wären paradieren die ergebnisse jenes schrulligen gelehrten als sensation und abscheulichkeit, systematisiert und dennoch häufig wiederholt. man entblödet sich nicht, uns genaue erklärungen des worts ,ejakulieren' zu geben und macht uns zum zeugen grusligen staunens der runde beim anblick eines godmichets. es macht dem autor spürbar freude. der leser aber folgt nur mit mühe dem voyierenden PAGENSTECHER, der keinen wald und keinen friedhof betreten kann, ohne zahlreicher handlungen aus dem gebiet der ädöologie oder der skatologie gewahr zu werden. kommen pferde vor, so pissen sie gewiss „aus'm Ständer, wie Mein Unterarm"; ist von schamteilen die rede, so fassen alle „uwk" (unwillkürlich) hin. natürlich ist die beobachtung einer entjungferung eingebaut, die natürlich im bordell stattfindet. PAGENSTECHER hat die neurotbürgerliche vorliebe für die prostitution – in allen ehren, theoretisch, versteht sich. er, der schon als junger mann gefunden hat, man schwitze zuviel beim geschlechtsakt, der das präservativ für den wichtigsten gegenstand im leben einer frau hält, der als vorteil des onanierens erkennt, dass die angeblich unvermeidliche scham vor dem geschlechtspartner dabei entfalle, der sich weibern immer schon abweisend und verächtlich entzogen hat und alle kontaktsuchenden in dieser hinsicht als geschlechtspartner behandelt (der immer ‚hart geblieben' ist, nie ‚weich' wurde, nie ‚schlapp gemacht' hat, der also, sein eigener penis, seine sexuelle und kommunikative impotenz zur tugend macht), er betreibt die eroberung des weibes durch philologie (die inversion: in seiner bibliothek sitzt er wie im harem und erobert seine bücher durch täglich sechzehnstündiges lesen) – „wenn man Dich erstmal begriffn=hat, komm' Ei'm die anderen Autoren/Menschen wie bloße Maultaschn-Spieler vor", bestätigt ihm seine FRANZISKA. seine bildung findet ihr gegenstück in der geschwärmten lebenserfahrung und (herzens-?)bildung der huren. durch seine belesenheit beeindruckt er vor allem sie (in der lüneburger heide!!): eine gelingt es ihm zu ‚retten', andere wollen es ihm wenigstens, liesse er sie nur, gratis angedeihen lassen; hartgesottene (aber hochgebildete!) puffmütter werben um ihn: eine versucht gar verstohlen, ihre hand in die seine zu schmuggeln („seltsam: Keins spottete . . .“), eine andere begehrt ihn verschämt zum vertrauten. alle weiber aber machen ihm avancen. riesige wirtinnen schlagen, in PAGENSTECHER verliebt, diskutierenwollende hippies mit handkantenschlägen aus dem lokal. eine doppelköpfige missgeburt, weiter nichts als anlass zu literarischen exkursen, bewundert, als erotisches objekt, ihn als schriftsteller.

KLAUS PODAK und ROLF VOLLMANN meinen in ihrer rezension von ZETTELS TRAUM in der STUTTGARTER ZEITUNG, die obsession des autors sei als auseinandersetzung mit dem bild der uns knechtenden sexualität zu rechtfertigen. schweinische bücher sind aber nicht ihres inhalts wegen schweinisch, sondern auf grund ihrer art, diesen inhalt in komplementarität zu den restringierenden normen einer epoche zu behandeln – wie soll man diese haltung aber bezeichnen, wenn sie weiterbesteht nach dem untergang der epoche und ihrer restriktionen? nicht die sexualität knechtet, sondern gewisse weisen, sie im kontext zu interpretieren, oder sie im nicht interpretierten aber als bedrohlich empfundenen kontext als entität zu erleben; sie knechtet, wo das individuum in schlecht entwickelter homöostase in den widerspruch zwischen seiner identifikation mit gewissen aspekten seiner sinnlichkeit und seiner identifikation mit gewissen aspekten seiner kultur kommt. SCHMIDT hasst die jugend, ja die zeit, ihrer lockerheit im umgang mit dem sexuellen wegen und stellt ihr eben seine version entgegen („unser Denken *ist* nun einmal erotisch überbesetzt“).

obgleich ich nur einen kleinen teil der schilderungen sexueller handlungen und beziehungen angeführt habe (über den das buch eigentlich konstituierenden anankismus des sexuellen wortschatzes vergl. unten), wird man sich meinem staunen über die treuherzigkeit anschließen, mit welcher hier die träume einer unterdrückten pubertät als neue literatur serviert werden – träume und ängste (PAGENSTECHER fürchtet einen sittlichkeitsprozess, weil er sich ins damenklo einer gaststätte verirrt hat), die sich, aufgeteilt auf die rollen der dialogteilnehmer, welche so zu abbildungen von persönlichkeitsaspekten des autors werden, in die kritiklose selbstüberschätzung mischen und ihr den rahmen geben. weitere indizien für SCHMIDTs einstellung sehe ich in den aufgeregten verdichtungen seines burschikosen stils bei den schilderungen sexueller handlungen (z.b. s. 1295/96) oder in unzweifelhaften sprachlichen fehlleistungen (PAGENSTECHER besitzt s. 1154 einen BLAUSIEGEL-fernsehapparat, ohne dass diese wendung, wie in anderen fällen stets, als kalauer markiert wäre).
seine problematik charakterisiert im alltag einen in sich verbissenen, an manchen aspekten ‚normaler' kommunikation leidenden sonderling, der sein mit dem sexuellen gleichgesetztes kommunikatives dilemma mit leistungsbeweisen nach eigenem masstab therapiert (PAGENSTECHERs fähigkeit zu sublimieren „scheint eggStrem =groSS")(das ‚S' steht in ZETTELS TRAUM für ‚sexualität', ‚sexuell', ‚sexual-'), und dabei regelmässig bei der ‚sittlichkeit' landet, die er aufgeklärt belächelt aber dann als dennoch einen pragmatischen sinn habend wieder errichtet. die freiheit besteht hier aus einem ‚freien' gebrauch der worte.

natürlich könnte ein solcher dennoch ein bedeutendes buch schreiben.

stil

nun ist jedoch ZETTELS TRAUM (1334 seiten 32,5×44 cm faksimile des typoskripts) in der einstellung zum wortgebrauch eine imitation von FINNEGANS WAKE, in der technik der erzählung eine imitation des ULYSSES, und in der vorgetragenen theorie ableger einer recht populär verstandenen psychoanalyse.
SCHMIDT adaptiert seine orthographie, um vieldeutigkeit zu erzeugen, welche es nahelegt, die sätze als identische strukturen ganz (dann eben ‚scheinbar') disparater vorgänge aufzufassen (darin übernimmt er den symbolbegriff der psychoanalyse), gleichzeitig aber die funktion erfüllt, vorgetragene behauptungen zu relativieren und – in dem vorhin als ‚burschikos' charakterisierten ton – als persönliche meinung des autors zweifelhaft zu machen (als ob die ‚wirklichkeit' nicht funktion des bewusstseins, sondern schon der sprache sei). das folgende aufs geratewohl gewählte beispiel (s. 1288) zeigt ausserdem noch die erbschaft des expressionismus, vor allem STRAMMs, im streben nach eindrücklichkeit:

> „(Ers'ma Meine paGlieda zusammrAffn; und hoch & runter stollpern –: ⋰. – ? –/rechts Gomorrh-müll, à la ‚Darby & Joan': „ñà ! –" schnarrchde der (zweifllos) laichd=geschürzDe Knote; über Seim WalpurgisSack. –/ – und Mutthülde Meesndungk cuntradickde liebüdlijeS, ge-

> ziert wie NackedEye . . ./&=Lynx? – (dän im =Bad war auch=‚Jemand‘ !; (:’nu rate mal!‘)) –/ (:Kommkomm=raus!–: ‚son las dos : el cielo es sereno‘. –(?–): & es stang tatsächlich=heran durch die Nacht, wie wenn Ich schonn ‚feuerde‘ !; loco=motivische reMembrances Meiner Kinder=FeerienReisn kamen mir ein . . . (:zoo=phil im=Kopp!))“

(paradox ist an dieser vieldeutigkeit, dass sie als ausdruck eines strebens nach vereinfachung aufgefasst werden kann.) bei solcher wortbehandlung nimmt es wunder, dass SCHMIDT auf die gerade hier ungeheuer reichen möglichkeiten der dialekte verzichtet („weil die –(’ch meine , Bauern & Dialekte‘)– auf dem Standpunkt des 30=jährign Krieges – ja, nu noch nichma ‚stehen geblieben‘ sind; vielmehr ‚absichtlich auf=demselbm verharren‘! Das wirkt sich, linguistisch=unweigerlich so=aus : daß Du . . . keinen modernen Tatbestand im Dialekt ausdrückn kannst. . . .“: als ob es SCHMIDT – ganz abgesehen von der absurdität der behauptung – um ‚moderne tatbestände‘ ginge!).
da es der worttechnik nicht gelingt, eine ständige projektion zweier oder gar mehrerer durchgängiger ‚ebenen‘ aufeinander (d.h. auf den sprachlichen ausdruck, durch welchen sie alle als symbolisiert gelten sollen) durchzuhalten, kommt ihr die erzähltechnik zu hilfe. sie besteht darin, ein der einen ‚ebene‘ zugehöriges (z.b. mit POE in zusammenhang gebrachtes) detail einerseits durch das handlungsbruchstück selbst, in welchem es von den figuren des buches besprochen wird (zweite ‚ebene‘), andererseits durch zitate aus der weltliteratur (dritte ‚ebene‘)

zu illustrieren. wenn also z.b. über panoramen gesprochen wird (die POE angeblich stark beeinflusst haben), so findet das gespräch auf einem hochsitz statt, und ist mit exkursen über panoramen in der literatur geschmückt; man spricht über LANDORS COTTAGE (POE) in DÄNS COTTAGE (DÄN = DANIEL), über eine ‚vista' (felsdurchbruch im LANDOR mit überraschender durchsicht) beim anvisieren eines windbruchs; während eines gewitters wird USHER besprochen; POEs bäume werden im wald abgehandelt, vögel werden nur beobachtet, wenn über POEs vögel doziert wird; POEs beziehung zu seiner kindlichen frau VIRGINIA wird in PAGENSTECHERs beziehung zu FRANZISKA abgebildet und mit greis-jungfrauen-beziehungen aus der literatur ‚belegt', etc.etc.etc.; es ist das ins gegenteil gekehrte verfahren des ULYSSES, in dem die – als bekannt vorausgesetzte – mythologie die ‚erklärung' für das erleben BLOOMs abgibt: hier wird die mythologie (POE) durch die handlung des buches überhaupt erst ‚erschlossen'.

dass PAGENSTECHER trotz seiner teils heftigen ablehnung POEs viele eigene züge auf denselben projiziert, liegt freilich nicht immer am plan des erzählens, sondern kaum bewusst an der assimilationstechnik jeden verstehens, die denn auch, auf abstrakterem niveau, alle interpretation entwertet. SCHMIDTs buch ist wie jede ‚analysis of communication content' eine paraphrase der kanalisierung der eigenen kognitivität durch die jeweiligen historischen bedingungen der kommunikation. dass er nicht imstande ist, diesen umstand zu reflektieren, weist seinem werk den rang zu.

mit Hilfe seiner ‚etym-theorie' (siehe unten) und durch ermittlung einiger möglicher quellen POEs (die aber zu seiner interpretation kaum etwas beitragen) ‚erschliesst' und ‚beweist' SCHMIDT einige charakteristika POEs – sexuelle, natürlich. POE war nach PAGENSTECHER zu 70% voyeur, zu 30% exhibitionist (s. 443; s. 533 sind es 75 resp. 25 prozent). seine voyeurgelüste habe POE immer in männlicher gesellschaft befriedigt (s. 808). konzentrationspunkt sei hier „die un=heimliche Faszination der KloGrübelei für einen V"(oyeur). „das geheime Centrum all seines Dichtns & Trachtns ist . . .: ‚das Klo im Puff'–". POE sei ein grosser masturbator gewesen (s. 931). ausserdem habe er sich die laster der urolagnie und des cunnilingus gestattet (s. 1004; POEs kopro- oder weit eher urophilie sei jedoch bloss mittel zum zweck seiner ganzgrossen leidenschaft, des voyierens, gewesen, s. 829). beherrschend jedoch für persönlichkeit und werk sei POEs sexuelle impotenz.
es lassen sich sogar („Die Einsicht arbeitet wie ein Dietrich") einige bisher unbekannte erlebnisse des dichters rekonstruieren: um 1828 habe er verkehr mit prostituierten gehabt, der in schwere geschlechtskrankheit ausgegangen sei (s. 739; genauer s. 1055: eine negerhure habe ihn mit syphilis infiziert; mit tripper s. 1060/61), und später sei er aus einem cunnilinctus heraus verhaftet worden (s. 1005). auch die hohe kragenbinde POEs sei erklärt: sie ist nicht etwa der mode der zeit zu verdanken, sondern verdecke die strangulationsspuren auf seinem hals, die er sich bei erotischen asphyxie-spielen eingehandelt habe (s. 877)! in

einer art von beziehungswahn wird auch das ‚hitlerbärtchen' POEs mit hitlerschen eigenschaften in zusammenhang gebracht.
da das „abläugnen" der von SCHMIDT entdeckten merkwürdigkeiten „frech=dumm" ist (s. 792), werde ich meine meinung zurückhalten. zur ergänzung will ich aber aus der ‚pathographie' POEs bei LANGE-EICHBAUM noch mitteilen, dass man POE auch für sehr keusch gehalten hat, für opiumsüchtig, für einen mann der durch alkohol die flucht vor dem weibe bewerkstelligte, für einen nekrophilen, für einen mann paranoider ideen, für einen entarteten, für einen sadisten mit grübelsucht und zwangsvorstellungen, für einen manisch-depressiven irren, für einen epileptiker, einen dipsomanen.
über den nutzen und das vergnügen solcher untersuchungen sind die auffassungen wohl geteilt; immerhin lässt sich feststellen, dass es allein von einem mythologischen prozess der gesellschaftlichen aneignung vorgeschlagener interpretationsmethoden abhängt, ob die mit ihrer hilfe durchgeführten interpretationen ‚sinnvoll' werden oder nicht. bei der unüberschaubaren vielfältigkeit interpretierbarer aspekte einer kommunikativen situation lassen sich auch ‚therapeutische' ‚erfolge' einer interpretationsmethode nicht zugunsten ihrer ‚richtigkeit' auslegen. was etwa MARIE BONAPARTE in ihrer psychoanalytischen studie über POE vorlegt, mag den einen als unbestreitbarer beweis, den andern als barer unfug anmuten. es kann hier nicht um richtig oder falsch, praktikabel oder verboten gehen; die methode erzeugt ihren sinn, wer sie akzeptiert findet diesen sinn und hält an ihm fest, aus keinem anderen grund als weil es für ihn sinn ist und

weil er ihn gefunden hat. festhalten würde er auch, wenn POE selbst gegen ihn stellung beziehen könnte und würde.

lieber hätte ich von SCHMIDT mehr über POEs umwelt und den möglichen einfluss auf sein werk erfahren – obschon freilich auch diese art von wissen unter die eben beschriebene kategorie fällt, bloss allgemeiner anerkannt ist als die von SCHMIDT gesuchte. zum mindesten aber hätte ich ganz gern gewusst, was SCHMIDT von der auswirkung POEs auf die heutige literatur hält und wie diese nach heutigem sprachgebrauch motiviert werden könnte. gerade darüber steht in ZETTELS TRAUM nichts.

die psychoanalyse und SCHMIDT

die eigentliche mythologie des buches konstruiert SCHMIDT als eine art psychoanalytisch motivierter sprachphilosophie. die sprachlehre der psychoanalyse geht von der (nicht hier zu kritisierenden) auffassung des traumes als einer auf ihren inhalt zu untersuchenden nachricht aus; dazu wird eine interpretationstechnik erklärt, die im wesentlichen eine hypothese über zusammenhänge von ‚wortvorstellungen‘ und ‚sachvorstellungen‘ ist (vergl. FREUD, DAS UNBEWUSSTE, in: ges. werke bd. X). obgleich kommunikative momente theorie wie therapie der psychoanalyse geradezu bestimmen, ist bis heute ein bedeutender beitrag ihrer autoren zu diesem thema unterblieben (das gilt wohl auch für JAPPE, WORT UND SPRACHE IN DER PSYCHOANALYSE).

leider führt FREUD nicht aus, was unter einer ‚sachvorstellung' oder einer ‚wortvorstellung' zu verstehen sei (man könnte allenfalls das posthum veröffentlichte frühwerk heranziehen). er gibt nur an, dass die sprache dem ‚vorbewußten' (‚vbw') angehöre, und meint: „die bewußte Vorstellung umfaßt die Sachvorstellung plus der zugehörigen Wortvorstellung, die unbewußte ist die Sachvorstellung allein" (a.a.o. s. 300). damit aber vorstellungen in die sprache abbildbar werden, bedarf es nicht allein der worte, sondern vor allem einer reihe von bedingungen, welche festlegen, dass sich die worte im kommunikationsprozess so ähnlich verhalten wie die vorstellungen im gedankenablauf; es bedarf weiters nicht bloss einer grammatik der sätze und redeabschnitte, sondern noch einer impliziten interpretation der jeweiligen kommunikativen situation, welche den spracherscheinungen erst sinn gibt. anzunehmen, dass ein wort mit einer vorstellung nur assoziativ verknüpft zu sein brauche, wäre zu naiv. es lässt sich aus der alltäglichen erfahrung belegen, dass die wortwahl im allgemeinen unerheblich ist, sobald eine interpretative situation definiert vorliegt: in einem starken kontext kann jedes wort für jegliche vorstellung stehen. das heisst aber, dass man eine ‚wortvorstellung' von einer ‚sachvorstellung' so wenig trennen darf, wie beide vorstellungen von ihren stets aufeinander projizierten kontexten.
es ist auch schwierig, FREUDs ausführungen mit seinen beispielen in übereinstimmung zu bringen. „Die Augen sind nicht richtig, sie sind verdreht", klagt in seiner anführung eine schizophrene. ihre eigene interpretation: „Sie kann (ihren geliebten) gar nicht verstehen, er sieht

jedesmal anders aus, er ist ein Heuchler, ein Augenverdreher, er hat ihr die Augen verdreht, jetzt hat sie verdrehte Augen, es sind nicht mehr ihre Augen, sie sieht die Welt jetzt mit anderen Augen". obwohl hier ganz klar auf den zusammenhang der kommunikativen situation der ‚kranken' mit ihrer kognitiven situation gewiesen wird, versucht FREUD, sich auf die augen zu konzentrieren (‚organsprache'). er scheint zu argumentieren, die frau wolle sagen, dass ihre augen t a t s ä c h l i c h verdreht seien, dass sie wie etwa einst EULENSPIEGEL die redensart wörtlich nehme. was heisst aber, eine redensart wörtlich – oder, im gegensatz dazu, bildlich – zu nehmen? was heisst z.b. ‚sehen' – optische empfindungen haben, über den visuellen kanal wahrnehmen, oder sichtbare gegenstände und relationen erkennen . . . vielleicht sogar unsichtbare? das auge reicht von den wimpern bis zum verstand. wenn unsere kommunikation ‚krankhafte' züge aufzuweisen beginnt, so heisst das nicht, dass sich unsere ‚wortvorstellungen' nicht mehr mit unseren ‚sachvorstellungen' verbinden können, sondern dass wir in zweifel über die wirksamkeit und wirkungsweise unserer kommunikation geraten sind und dass wir mit einer neuordnung und -konstruktion unserer modelle beschäftigt sind. unter diesem aspekt muss das sprachverhalten der schizophrenen gesehen werden und nicht unter dem aspekt des selbstheilungsversuches mittels festhalten an der ‚wortvorstellung' (ein solcher müsste doch an genauester wortreproduktion interessiert sein, nicht aber an neologien oder dem anderen kreativen gebaren der psychosen). es ist bezeichnend für die zeit FREUDs, dass dem semantisch-ontologischen standpunkt (worte bedeuten dinge) auf kosten des pragmatischen, kommunikativen (bedeutung als funktion der kommunikation) die alleinherrschaft eingeräumt wurde. in der traumdeutung der psychoanalyse kommt es gar zu handfesten widersprüchen zwischen theorie und praxis: in der praxis verhält man sich, als ob sich eine (,verdrängte') ,sachvorstellung' in eine ,wortvorstellung' verwandle, diese sodann in eine andere situation gestellt werde, von dieser neu interpretiert, und anschliessend wieder in eine dieser interpretation entsprechende sachvorstellung zurückverwandelt. man träumt von italien, und das ,bedeutet': von den geschlechtsorganen, so zwar, dass eine ,ubw' vorstellung (geschlechtsorgane) sich zugang zum wort sucht („genitalien"), dieses wort sodann uminterpretiert wird („gen italien") und die nunmehr angezogene ,sachvorstellung' (italien) in südlichen bildern den ,manifesten trauminhalt' erzeugt. anders kann die tatsächlich stattfindende analyse gar nicht untermauert werden – dennoch lautet die theorie so, dass sich die ,verdrängte' ,sachvorstellung' des ,ubw' zuerst (sie verfügt ja nicht über worte) im ,vbw' eine ,deckvorstellung' aufrufe, welche sodann im ,vbw' einen namen erhalte (TRAUMDEUTUNG): als hätte die ,sachvorstellung' italien irgendetwas anderes als die homophonie einer bezeichnung mit der ,sachvorstellung' geschlechtsorgane gemeinsam. (auch das argument, ursprünglich seien eben beide ,sachvorstellungen' im ,vbw' zusammen mit ihrem gemeinsamen namen vorhanden gewesen, und eine habe dann die ,verdrängung' erfahren, ist nicht stichhaltig; diese annahme würde ja voraussetzen, dass die verdrängung erst zum zeitpunkt unfangreichen spracherwerbs – auch und gerade von fremdwörtern – eingesetzt habe.) hätte FREUD statt der unfruchtbaren trennung von ‚wortvorstellung' und ‚sachvorstellung' eine manipulation der kognitiven kontexte des bewusstseins (meinetwegen des ‚vorbewussten') „ins auge gefasst", so hätte er auch das kommunikative problem berührt, und die psychoanalyse wäre vielleicht einen anderen weg gegangen.

man möge mir die breite dieser ausführung verzeihen. in den wesentlichen gedanken seines buchs stützt sich SCHMIDT so stark auf die psychoanalytische sprachtheorie FREUDs, dass ein eingehen darauf nur als versuch einer kritik an FREUD selbst vertretbar ist.
schon die psychoanalyse hat versucht, die traumdeutung auf andere erzeugnisse des menschlichen verstandes anzuwenden, auf mythen etwa, kunst, literatur, auch wohl auf die wissenschaften. solche versuche müssen mit der tatsache fertig werden, dass es sich hier häufig um komplexe handelt, die einen ‚vordergründigen' sinn schon haben. anders als ein traum ist eine erzählung meist zielbewusst zurechtgearbeitet und in ihrer intention ohne deutungshilfe klar verstehbar. die deutung, z.b. BONAPARTEs des POEschen werks, beschränkt sich darauf, gewisse prädilektionen des schriftstellers aufzuspüren und zu deuten (die allerdings auch bewusst eingesetzte stilmittel sein könnten). in solcher deutung geht die psychoanalyse nicht weit über die tätigkeit gewisser zweige der literaturwissenschaft hinaus, wenngleich ihre ergebnisse nach den derzeitigen kriterien der wissenschaften etwas schlechter fundiert erscheinen. nach BONAPARTE handelt es sich bei POE um die ‚sublimierung' gewis-

ser tendenzen; nach SCHMIDT sind POEs werke direkter ausdruck von real vorhandenen neigungen, ja spiegel von ereignissen. bereits darin geht SCHMIDT weit über die psychoanalyse und jedenfalls über das ‚gesicherte' an ihr hinaus (er verbessert übrigens auch FREUDs schema ‚es'–‚ich'–‚überich' durch die anfügung einer vierten instanz ‚humor', die nur männern erreichbar sei, und auch nur ‚genialen' nach eingetretener impotenz!). schliesslich aber fasst er POEs produkte schlankweg als träume auf, und alle von POE gebrauchten worte als verdichtungen.

dies ist der kern seiner ‚etym-theorie'. er lässt allen ‚manifesten inhalt' fallen und hält sich allein an die wortklänge, die er als homophone von ‚verbotenen' worten erklärt (homophone in den sprachen altgriechisch, lateinisch, deutsch, französisch und natürlich englisch; POEs intimste kenntnis dieser sprachen setzt SCHMIDT voraus, obgleich es ihm selbst gelingt zu zeigen, dass alle zitate, die auf klassische gelehrsamkeit hindeuten könnten, von POE aus BULWER entwendet sind. insbesondere habe POE sämtliche lateinischen und griechischen ausdrücke „für die begehrtn ‚regions'" gekannt – beweis: POEs rezension der „DISSERTATION ON THE IMPORTANCE OF PHYSICAL SIGNS IN THE VARIOUS DISEASES OF THE ABDOMEN" – eine naive auffassung vom sprachgebrauch der medizin! übrigens sind die ersten lateinischen erotischen wörterbücher erst 1824, nämlich FORBERGs APOPHORETA, und 1826, PIERRUGUEs GLOSSARIUM EROTICUM, erschienen. es wäre ein wunder, wenn ein exemplar davon in POEs hände gefunden hätte).

SCHMIDT vertritt die lehrmeinung, dass ,,das ubw . . . nicht gut an die worte ran kann . . . wenn man das ubw zum Sprechen zwingt, beginnt es, bestenfalls, *Etyms zu lallen*". – gleichwohl konnte POE ,,Sein ubw ans *Wortzentrum* ran" lassen.
,etyms' sind also so etwas wie die ,wurzeln' des ,indogermanischen'; sie sind dadurch gekennzeichnet, dass ein lautbild (meist eine silbe), welches allerdings fast alle ,lautverschiebungen' toleriert, mit allen begriffen assoziiert wird, deren namen diesem lautbild phonetisch ähnlich sind. physiologisch muss man sich vorstellen, ,,daß die Sortierung=Lagerung der Worte im Gehirn *ebm auf Etym=Basis erfolgt*"! auf die deutung bezogen heisst dies, dass faktisch jedes wort ,eigentlich' irgend etwas verbotenes aus der geschlechtssphäre bezeichnet. die untersuchung der sprache POEs stützt sich nun auf angeblich besonders häufig verwendete lieblingswörter, in wahrheit natürlich auf jene textstellen welche die gewünschte interpretation erleichtern. ein muster wird einen eindruck vermitteln (s. 925):

> ,,Nimm diese ,Uhren', die ja auch überall bei Ihm tick'n : die ,clock=clocks' weil die Kloake anklingt; und der ,cloac', der Mantel der crist'lichn Nächstinnen (V=)Liebe: da wakklt/wagglt das Pen(i)dl unermüdlich; ,tick=tack' heißt Xen; und ,tickle' ist kizzln;(und das ,Klopfn in der Clitoris' spielt in FREUD's Analysn so mannichäe Rolle). Und ne clock iss ne ,watch'; und ,to watch' iss voyiern; und ,the pendulum vibrates with a deeper meaning' (METZENGERSTEIN)."

(„cristae“ ist der lateinische ausdruck für ‚schamlippen‘, ein schlüsselwort für SCHMIDTs POE-interpretation, weil dieser angeblich äusserst häufig das wort ‚crystal‘ verwendet; „Xn“ ist SCHMIDTs code für ‚den beischlaf ausüben‘; „V“ ist ‚voyeur‘.) es ist klar, dass ganz besondere pikanterien nicht ausbleiben. z.b. interpretiert SCHMIDT das bei POE manchmal vorkommende wort ‚comet‘ als das deutsche ‚komm mit‘ der nutten. dementsprechend seien POEs kometen prostituierte mit unberechenbarem kurs, POEs planeten aber ebensolche mit bekannten wegen (s. 739/743)! auch mittelhochdeutsch muss POE recht gut gekannt haben: sein ‚horror‘ bedeute das mhd. ‚hor‘ (‚scheisse‘). hier ist ad usum neurotici alles versammelt, was PAPE, GEORGES, LEXER, PARTRIDGE, GRIMM und SANDERS an sotadik hergeben (nur die dialekte fehlen, wie erwähnt). es liesse sich leicht zeigen, dass für alle vorkommenden englischen lautverbindungen des musters selbstlaut-mitlaut-selbstlaut und mitlaut-selbstlaut-mitlaut mit hilfe der angegebenen methode erotische konnotationen gefunden werden können.

man kann SCHMIDT nicht einmal besondere originalität zugestehen; er hat bloss die ‚differentialanalyse der sprache‘ des HANS ROBICSEK (SPRACHE, MENSCH UND MYTHOS) auf das sexuelle bezogen. witziger aber sind die übersetzungen DITER ROTs aus dem englischen, oder JANDLs ‚oberflächenübersetzungen (my heart leaps up when i behold = mai hart lieb zapfen eibe hold). auch TOMAS SCHMITs u. a. VON PHALL ZU PHALL wird man nennen müssen.

SCHMIDT und die neue literatur

die kleine (längst vergriffene) auflage von ZETTELS TRAUM – 2000 stück – wendet sich wohl an die SCHMIDT-gemeinde und soll vielleicht auch an den stil erinnern, in welchem früher sotadika herausgegeben worden sind. immerhin wurde bei dem preis des werks (295.– in der subskription) ein umsatz erreicht, wie er sonst bestsellern wohl ansteht. was die gemeinde an SCHMIDT besonders anspricht, liesse sich tentativ wie folgt zusammenfassen: hochhalten klassischer bildungswerte, autorität durch eigene leistung, konservative lebenshaltung bei vorgeblich besserer motiviertheit, sexualität als herrensache. viele der in ZETTELS TRAUM zu ihrer kulmination gekommenen züge finden sich in den anderen büchern SCHMIDTs. einen einzigen davon möchte ich noch herausgreifen, weil er beziehung hat zur neuen literatur:
seit seinen frühen werken manifestiert SCHMIDT den ehrgeiz, neben der literarischen eine spezifisch wissenschaftliche leistung zu erbringen, und versucht dies immer wieder auf den linien seiner belesenheit, obgleich er merkt, dass heute so etwas dem einzelnen, auf sich gestellten beobachter nicht mehr möglich ist. sicherlich muss eine literarische leistung, um bedeutend zu sein, die kenntnisse oder aber die standpunkte ihres publikums erweitern. SCHMIDT hat aber nicht die kraft, die ihn über seine lektüre beherrschenden gesichtspunkte anderer zu durchbrechen, und nicht die freiheit, den sektor origineller, meinetwegen wissenschaftlicher, betätigung dort zu suchen, wo er unter den bedingungen dieser zeit noch zu

finden ist: in den paradoxien der auseinandersetzung des individuellen bewusstseins mit den es strukturierenden gestalten der kommunikation.
statt einer einzigen neuen beobachtung, statt einer neuen formulierung gibt uns SCHMIDT rauhe mengen von naturwundern aus dem bildungsschatz des lexikonlesers, statt eines einzigen details, welches revision des rahmens erforderte, in welchem es detail ist, häuft er uns den schutt ewig wiederholter und bestens bekannter einzelheiten aus den zyklen einer sozialen maschine – ja er macht das (wobei wahrscheinlich an die grossen sammler von beobachtungen und an die lexikographen zu denken ist) zur richtschnur: „Die ‚Bestimmung des Menschn‘, (falls er überhaupt eine habm sòllte), besteht, Meines Glaub'ms, dá=rin: große=Massn von Details zu sammln; und durch den Druck zur Aufbewahrung zu gebm". was aber PAGENSTECHER erlebt – sogar die berührung mit dem tode – wird auf die konventionellste weise formuliert. nichts erklärt sich, die mythologie erschöpft sich im registrieren, die prototypen sind zufallsgeburten. zu der konkursmasse der POE-interpretation kommen abschweifungen, die auch entfernt nichts mit POE zu schaffen haben und nur zeigen sollen, dass PAGENSTECHER und SCHMIDT über scharfe beobachtung und unbestechliche intelligenz verfügen (allerdings könnte man einwenden, dass auch POE sich dieser eigenschaften rühmte) – etwa wenn daran anstoss genommen wird, dass chinesische getrocknete pilze unter der marke MU ERR gehandelt werden, wo doch die chinesen kein R aussprechen können! das gehört in die richtung der ‚lösung‘ des FERMATschen problems in den SCHWARZEN SPIEGELN.

„Das Stichwort ist ‚Genauigkeit'", schrieben PODAK/VOLLMANN, „Alles und jedes; Gesehenes, Gedachtes, Geträumtes, Gewünschtes wird aufgeschrieben: eine anstrengende und schwere Aufgabe" – fürwahr! unsere gegenwart besteht aus ‚real-time' wahrgenommenen details: der augenblick ist das detail; genauer als die gegenwart kann ein versuch, situationen zu schildern, nicht sein. nun ist die gegenwart aber, gemessen an der schilderung, ungenau. was als genauigkeit anmutet, gehört nicht dem erlebnis an, es ist das, was uns zum erlebnis einfällt. der eindruck grosser genauigkeit entsteht, wo man zwischen zwei von einander sehr verschiedenen (obgleich der selben quelle entstammenden) mechanismen der wahrnehmung nicht unterscheidet, zwischen dem ‚atomaren', der unser durch korrelation unserer biologischen sinnlichkeit mit der uns entgegengebrachten kommunikation erlerntes wirklichkeitsgefühl ausmacht, und dem ‚molekularen', mythologischen mechanismus, der sich auf dem ‚atomaren' erbaut und mit welchem wir die behandlung eines dings, seine einordnung, so vornehmen, als sei die erklärung einer erscheinung eine eigenschaft dieser erscheinung. SCHMIDT sieht, denkt, träumt, wünscht und erklärt als PAGENSTECHER darauflos, dass es eine art hat; aber was er sieht, sieht er ohne das sehen zu sehen, was er denkt, denkt er, ohne über gedanken nachzudenken, träume sind ihm einfach und fraglos träume, die nach dem traumbuch psychoanalysiert werden, wünsche . . . wünsche stehen in der volksheroischen aura ältlichen verzichts, und das schema der erklärungen schliesslich bleibt unerklärt. würde SCHMIDT detaillierter, wirklich detaillierter, so näherte er sich der grenze, welche die ge-

genwartsliteratur von JOYCE trennt: die hinwendung auf die bedingungen des sinns vernichtet den sinn. die moderne literatur entsteht aus dem scheitern des versuchs, das detail zu erfassen.

die vorstehende rezension ist 1971 unwesentlich gekürzt im TAGESSPIEGEL in Berlin erschienen. nicht nur als ephemere meinungsäusserung, auch aus unbekanntheit mit dem gewöhnlichen leser einer tageszeitung ist sie gerade an solchen punkten flüchtig, in denen was ich aus dem Schmidtschen werk begreife meinen eigenen literarischen zielen am meisten widerspricht; im streben nach kürze war ich ferner mit dem gebrauch theoretischer ausdrücke nicht besonders geschickt, und einige polemische randbemerkungen hätte ich mir schenken können. ich ändere aber nichts daran, denn die hauptsache scheint mir immer noch richtig.
obgleich ich kein Arno-Schmidt-fachmann sein und werden kann, habe ich angesichts der in der zwischenzeit nur immer angewachsenen popularität dieses autors doch wieder ein gewisses bedürfnis bekommen, der feststellbaren überschätzung zu widersprechen. denn mehr und mehr nimmt Schmidt den platz in der öffentlichen meinung ein, der einer echten experimentellen literatur gebührte oder der ihr wenigstens offenzuhalten wäre, da sie derzeit nicht stark genug ist ihn zu erobern. zudem interessiert mich doch, wenn auch nebenbei, was es denn sei das die rezensenten so ergreift (wenn es denn etwas anderes wäre als was den sonntagsleser fesselt) – zu unklar ist mir das lächerliche versagen der kritik an der zeitgenössischen literatur, auf der „liberalen“ seite, und auf der „radikalen“ diese schwachsinnige gleichschaltung der massstäbe, im grund wohl überall die gleiche käuflichkeit. ich wiederhole mich nur wenn ich bekräftige, dass ich mit dem versuch einer kritik an Schmidt in erster linie die bestrebungen treffen möchte, die Schmidt schon als titanen

feiern; das ist möglicherweise, ja beinahe gewiss nicht so wichtig wie eine nähere betrachtung anderer erscheinungen auf dem literaturmarkt (von weiterem zu schweigen); von diesen muss ich aber gestehen dass sie mir zum grössten teil so fremd erscheinen, dass ich tatsächlich des marktbegriffs bedarf um sie überhaupt als literatur auffassen zu können.

was aber Schmidt betrifft, so mache ich nicht ihn selbst verantwortlich für die schmonzen der S.Fischer Verlag GmbH oder für die leistungen der feuilletons, wenn er auch die kerne zu diesen blüten selbst gesteckt hat. ich finde es auch garnicht schlecht, wenn im rahmen einer art Vereins der Freunde der von Arno Schmidt Geschätzten Literatur der volksbildung ein vorschub geleistet wird – jedenfalls werden nun auch einige faulere leser mit der fragwürdigkeit dieser tradition und ihrer interpretation durch Schmidt bekannt werden. kommt es nun zu den spezifischen leistungen Schmidts, so gebe ich ohne weiteres zu, dass ,,Rastertechnik, nach Bewußtseinsvorgängen aufgebaute Prosaformen, Etymtheorie, Dioramathese, Entdeckung der vierten Instanz, Strukturanalyse nach Lesemodellen und die Erneuerung des dialogisierten Romans" ,,mit seinem Namen verknüpft sind"; ich meine bloss dass diese dinge nicht so wichtig sind dass sie diesen ruhm begründen könnten. weiters möchte ich behaupten, dass die ,,neue Sprachbehandlung, neue Modelle des Erzählens, neue Ansichten von der Arbeit des Schriftstellers und von der Entstehung der Erzeugnisse schriftstellerischer Phantasie" nicht so neu und nicht so brauchbar sind wie es dem verlag und manchem dissertanten erscheint. ich glaube sogar, dass sich bei Schmidt besseres finden

liesse als die aufgezählten güter. dennoch scheint mir das in allen diesen und in manchen anderen hinsichten rückwärtsgewandte werk dieses autors wichtigere möglichkeiten zu verstellen.
wenn nun auch die weise eine analyse wohl verdiente, in der sich die biederkeit Schmidts in die heutige besinnung auf alte werte einfügt – sei es in der progressiven, sei es in der konservativen version – so bin ich auf grund meiner interessenlage nur zu einer antippenden polemik bereit. eine tiefere begründung würde die form von grundlagenstudien annehmen müssen und nicht die einer flüchtigen zurückweisung; aber dort würde ein bezug auf das Schmidtsche werk nicht sinnvoll sein.

AGEN-BITE OF INWIT

PLAUDEREI ÜBER HÖHERE LITERATUR

SPRECHER:

A.: zitate
I.: weiblich
O.: Österreicher

O.: na da hast du ja in letzter zeit eine menge SCHMIDT gelesen (pause) du hast mir doch versprochen dass du mir bei meinem aufsatz hilfst?
I.: ja schon
O.: was hat dir denn am besten gefallen?
I.: am besten hat mir (pause) na vielleicht gleich gut DAS STEINERNE HERZ und (pause) BRAND'S HAIDE (pause) ahja und POCAHONTAS
O.: kannst du sagen was dir dran gefällt?
I.: nicht leicht (pause) wahrscheinlich gefällt mir aber dran was was dem SCHMIDT vielleicht garnicht so (pause) so eine melancholie
O.: meinst so auf der ebene der story
I.: ja aber schon die art wies gesagt is, die traurige situation (pause) die romantische situation, wie in BRAND'S HAIDE wo er die (pause) seine geliebte, die hat doch auf eine heiratsannonce in Südamerika (pause)
na und lustig is doch auch, gelegentlich, so in ALEXANDER und KOSMAS (pause)
O.: aber?

I.: was aber, es is diese art distanziertheit, so resignation dass der einzelne (pause) dass man nicht voll einsteigen kann (pause) dass die sachen nur das sind was sie hätten werden können

O.: jaja deswegen is er immer hat er sich immer nur mit den sachen so beschäftigt

I.: was?

O.: na als ob sies wären als ob sie nichts anderes wären als das was sie in einer reichlich trockenen phantasie hätten werden können

I.: na aber diese erzählung wies war in der nachkriegszeit

O.: da kann man verschiedener meinung sein ob eine herkömmliche moral (pause) so wacker sie auch gemeint is ob die noch in die literatur gehört

I.: wohin denn?

O.: na jetzt wissen wir schon ziemlich lang dass sie nicht funktioniert und auch halbwegs warum sie nicht funktioniert und sehn wir nicht auch dass die literatur nur mehr in einem kreis von viel zu primitiven moralen sich herumdreht

I.: sieht das jeder?

O.: also bildung? Rembrandt als Erzieher? es soll doch um ‚höhere' literatur gehn, und die fangt für mich dort an wo einer schreibt weil er sich selbst etwas klar machen will was er noch nirgends sonst findet

I.: ja aber mal abgesehen von moral und situation und so, es is doch ganz lustig diese details (pause) diese gegenstände und sachen aus der zeit da, die stimmung

O.: diese details ‚überleben' in katalogen und prospekten

und fotos viel besser, aber doch auch nur als zeichen (pause) und die stimmung ist das, was der leser hat, nicht der autor (pause) sie liegt doch nicht im aufgeschriebenen, und schon garnicht dann, wenn das aufgeschriebene nur eine oberfläche zum gegenstand hat

I.: aber der realismus, sein sogenannter, sein sogenannt sogenannter, is er nicht schärfer als andere? seine wies immer heisst genauigkeit?

O.: ja da müsst man (pause) vielleicht bin ich der dumme aber (pause) das wird abhängen von dem ders liest (pause) jedenfalls wenns um seinen stil geht (pause) stil is wie ein rohr durch das einer schaut und es schaut sehr genau aus, wie das was man sieht auf die öffnung passt

I.: ja aber die vielen naturschilderungen

O.: naturkundliches und literaturkundliches museum, stark geschlichtet

I.: naja is eben auch eine art realismus

O.: na solche wörter taugen doch eh nichts (pause) diese realismusgschichtn ich mein (pause) angenommen einer hat genau vor augen stehen was er sagen will – er wird immer den ‚direktesten' weg nehmen den er sehen kann, das is der den die wand vom rohr frei lasst (pause) also wenn er ein messer beschreiben will fängt er also mit den nächstliegenden worten an – aber dann merkt er dass er sich was dabei denkt, und dann wird er das rein nehmen in die beschreibung undsoweiter, stellt er z.b. ein wort um oder so, und zum schluss is es eine sache von der man garnicht sagen kann was der eigentlich hat machen wollen

I.: naja

O.: unmöglich zu wissen für einen ders liest, über welches wort welche worte ich welchen beistrich ich nachgedacht hab

I.: naja aber er schreibt doch offenbar für leute von denen er glaubt dass sie seine worte ‚direkt' nehmen dass er vorhersagen kann was die sich dabei denken werden

O.: ich mein es gibt leut die sagen ah (pause) na eine fotografie is realistischer als weissgott als z.b. ein altägyptische wandmalerei aber (pause) erstens is ja ein foto nur dann ein bild wie ein gemaltes wenn der ders gemacht hat das, was er hat zeigen wollen, deutlicher im foto sieht als im anblick (pause) sonst is es wie ein spiegelbild (pause) natürlich nicht seitenverkehrt

I.: naja

O.: oder sonst halt irgendein anblick den noch niemand ‚bearbeitet' hat und is es nicht merkwürdig zu sagen: das messer liegt aber realistisch da!

I.: na kann man doch sagen

O.: klar, sagen (pause) aber du kannst nicht einfach drauf hinzeigen und zu mir sagen: das hab ich gemeint! das heisst du wirst das genau dann sagen wenn du sicher bist dass ich es genau so seh wie du (pause) da gehört schon eine unschuld dazu (pause) aber wenn du mir zeigen musst was du dran gesehen hast dann wirst dus eben malen

I.: oder sagen

O.: oder sagen, und da fangt dann eben die misere an wenn die unschuld quasi futsch is wenn man zum nachdenken anfangen muss über eine konvention: plötzlich gehört sie zu den sachen, und vorher hat sie zu dir gehört (pause) wenn ich einen schundroman lese oder einen zeitungsartikel, so glaub ich halt quasi freiwillig der hat da gemeint was ich automatisch, das heisst in meiner konventionellsten bahn versteh

I.: das müssen ganz abstrakte sachen sein

O.: klar, anzahl von toten beim unglück, helden und schweine es darf nichts ungewöhnliches vorkommen, kein gesicht zum beispiel und bestimmt keine ungewöhnliche meinung – wohl aber natürlich ungewöhnliche worte (pause) diese popkunst diese verkürzten zeitungsüberschriften das geht einem ganz automatisch ein natürlich lacht man (pause) nachher (pause) eben wenn mich dann etwas dazu bringt aufzuschaun und mit einer vorstellung anzufangen

I.: du meinst also die alten ägypter waren genau so realistisch wie irgendein sozialistischer realist

O.: oder abstrakter oder surrealist oder impressionist ja

I.: weil sie genau das was sie zeigen haben wollen auf die ihnen mögliche direkteste art angegangen sind (pause) meinst dass der realismus dort anfangt wo einer aufhört über seine darstellungsweise nachzudenken

O.: klar aber bedenk dass zu diesem rohr auch die eigenen denkgewohnheiten gehören das heisst dass eigentlich nur der kein realist is der sich mit der ständig weitergehenden aufspaltung in mittel und inhalt in keinem erreichten punkt zufrieden gibt (pause) klarerweise is es für uns ganz arbiträr zu sagen was es war was sie haben zeigen wollen (pause) aber sicher waren die höhlenmaler begabt genug für das sogenannt realistischeste portrait

I.: und die perspektive?

O.: is doch erst wichtig wenn man was sagen will wozu man sie braucht oder zu brauchen scheint (pause) die ersten kann man sich vorstellen haben nichts als die perspektive selber darstellen wollen und andre haben die technik wie ein schlagwort aufgenommen in ihr repertoire (pause) und in der malerei jedenfalls gibt es bestimmt keine ‚natürliche' oder ‚eigentliche' perspektive, und nicht nur aus gründen die der Goodman anbringt

I.: meinst wenn einer eine perspektivtechnik nicht gedankenlos quasi verwendet um was anderes damit zu zeigen, so will er eigentlich was über das sehen sagen (pause) wie die manieristen

O.: oder über die malerei undsoweiter (pause) warum hätten die höhlenmaler nicht perspektivisch zeichnen können? es is doch nicht so schwer zu sehn dass die sachen ziemlich regelmässig kleiner werden in der entfernung (pause) haben die vielleicht genauer hingeschaut und begriffen es geht nicht? oder war es ihnen wurscht weil sie ganz woanders hinschauen

I.: es wär lustig zu wissen ob es bilder gibt so aus der zeit frühe perspektive und so bilder mit einer falschen perspektive wo man wüsste der maler hat zwar wollen aber das prinzip noch nicht ganz begriffen

O.: das is genau was man eben nicht genau wissen kann, höchstens einer sagt: auf dem frühern bild da hab ich das und das machen wollen aber es is mir misslungen (pause) aber nicht einmal das könnte man in alle ewigkeit gelten lassen weil die geschichtsbetrachtung ja nicht eine damalige gegenwart rekonstruiert sondern argumente und symbole für die heutige gegenwart beweist (pause) ja also natürlich kann man meinen strich mit dem deinen vergleichen aber im hinblick worauf? wenn es da natürlich so eine rigorose darstellungskonvention gibt, wenn alle glauben dass sie die darstellungsmittel auf die gleiche art verwenden, so wird man einen gedanken wahrscheinlich nur durch ein feines schwanken (pause) das is vielleicht wie bei einer politischen einheitspartei wie in russland zum beispiel, die ja doch auch alle meinungsschattierungen verkörpert wie in einer demokratie – aber sie müssen die formen ihrer äußerung genau beachten, wie man heute sieht ja auch in der demokratie

I.: vielleicht wie wenn einer vielleicht wie wenn so heiligenbilder gemalt werden damit alle kirchen welche haben (pause) aber natürlich auch da schon

O.: ja oder so wunschbedienung wie beim schundroman wo was neues garnicht kommen darf (pause) hat der Rolf Torring oder vergleichbares nicht den Pitigrilli und den Serner überlebt (pause) also wenn einer dann aus der rolle fällt dann werden die meisten glauben dass ers nicht besser kann, und sich vielleicht irren, oder eben dass er was anderes hat sagen wollen, und sich vielleicht irren, dass ihm was aufgefallen is was er heute eben nur so

I.: sehr weit wirst damit aber nicht kommen (pause) was is wenn einer (pause) sag einer dem du schon was zutraust, was is wenn der einen schundroman schreibt den niemand von einem normalen schundroman unterscheiden kann?

O.: sag ich doch die ganze zeit: wenn ich mir vorstellen

kann dass es kein normaler schundroman is dann hat er eben in meinen augen was ganz anderes im sinn und darüber muss man, kann man nachdenken; und wenn ich nichts find rundherum oder in meiner vorstellung was mir zur unterscheidung wesentlich vorkommt, na dann werd ich sagen er hats eben zum geldverdienen gemacht und man brauchts nicht lesen (pause) an der geschichte die er macht kann ich da garnichts ablesen höchstens ich halt die konvention dagegen von der ich mir einbild dass er sie aufgeben will – das heisst das von ihr was eben ich begreif (pause) die geschichte passt mehr oder weniger auf das was ich mir vorstell davon

I.: sodass also der realismus und die genauigkeit vom SCHMIDT?

O.: das is, was einer dort wo ihm ausdrücke verbogen vorkommen oder auch nur erwartungen, als motiv sich dafür vorstellen kann, das heisst eine frage des guten willens beim leser

I.: ja aber hat er nicht so, will er, er will doch realistisch sein!

O.: wenn er das will wird er eben nur insoweit realistisch sein als er die konvention als gegeben annimmt, insofern er naiv is (pause) mir scheint man könnt einen schriftsteller nach dem punkt klassifizieren wo er glaubt dass form und inhalt aufeinanderstossen, so bis hierher is es darstellungsmittel und ab da is es was ich gemeint hab

I.: ja aber genau der punkt bleibt dann doch hypothetisch! immerhin (pause) beim SCHMIDT is ja schon recht klar dass er darüber nicht viel nachdenkt (pause) er glaubt doch wohl dass die sprache so funktioniert wie seine hand

O.: ja da gibt es doch einen bruch in seiner arbeit (pause) wo der ‚inhalt' nicht mehr das is was er an der öffnung seines rohrs sieht sondern wo der inhalt, also wo er nicht mehr das is was er erlebt sondern wo der inhalt eine ‚latente' form is die er der ‚manifesten' form nach regeln zuordnen will

I.: ja aber der Freud redet doch von latenten und manifesten inhalten

O.: eben, redet (pause) und wenn der SCHMIDT einmal oder besser ja, ziemlich oft, auf seine ‚mittel' aufmerksam wird, ich mein, in seinen sachen vor diesem bruch (pause) ja und eigentlich ja auch noch danach (pause) dann kommen nur so historische vergleiche von formen heraus als ob eine etymologie (pause) etymologie der letzten zweihundert jahre uns den sinn eines textes klarmachen würde

I.: aber dann is natürlich ‚genauigkeit' ein blödes argument jedenfalls in der kunst!

O.: sag ich doch die ganze zeit! aber die sache hat eben doch noch das andere gesicht auch denn offenbar trifft er da auf ein bedürfnis

I.: du meinst

O.: wenn einer vielen leuten ‚genau' vorkommt so heisst das dass er nicht weit vom klischee entfernt is und zwar von einem ziemlich tief sitzenden (pause) wenn er da zum beispiel über den Collins sagt, das wird ja auch für ihn selber zutreffen (pause) dass der da seine landschaften herrichtet als einen rahmen der gewissermassen in die gleiche richtung weist wie die handlung, nicht, so parallelen also gerade was für mich kitschig is so wie ja im grund genommen auch jedenfalls in unserer zeit eine handlung schon selber kitsch is, irgendwie haben wir da genug davon in der literatur es is als darstellungsmittel entwertet und sogar schon als mittel zu sagen entwertet dass man nichts damit sagen will (pause) aber bitte (pause) ich glaub es kommt ihm ja selber auch schon so vor, bleibt diese gschichte mit dem Collins (pause) ich glaub das kommt heute noch vielen leuten meisterhaft vor, so eine art programmusik

I.: wenn der düstere himmel zur düsteren stimmung passt und womöglich ein ‚düsterer stil'

O.: ja das wird in den späteren sachen auch noch

I.: ja KAFF

O.: die späteren hast du garnicht gelesen?

I.: die ganz letzten nicht; und in dem taschenbuch

O.: ORPHEUS

I.: ja CALIBAN ÜBER SETEBOS

O.: da sagen manche es is sein bestes

I.: ja aber ich habs nicht zu ende gelesen (pause) das is mir so

O.: ja, ‚dicht' sagen die die ‚genau' sagen

I.: ja dicht! das macht mich müde so diese anstrengung dass alle ‚ebenen' die gleiche richtung haben

O.: alle die ihm auffallen

I.: ja bis in die wortspiele hinein

A. (sich verächtlich abwendend): schärfste Wortkonzentrate injizieren; cela va sans dire!

I.: ja eine wortgewalt heissts aber ich bleib immer stekken aber nicht weil ich nicht alles gleich versteh die anspielung (pause) es lasst mich kalt es packt mich nicht der sinn der verdichtungen (pause) ich mein den sinn den sie für tiefere zusammenhänge hätten nicht einseh

O.: ich weiss schon was du sagst aber (pause) ich mein, die tieferen zusammenhänge müssen ja nicht heissen: ‚zusammenhänge in der story'

I.: sondern?

O.: ja das könnte doch zu seiner philosophie gehören wie man eine geschichte heut nicht mehr oder so erzählen kann, dass es die einzige art heute ist überhaupt noch was

I.: glaubst du das wirklich?

O.: ja glauben. aber wenns so wäre dann müsste man natürlich den sinn nicht in der geschichte suchen

I.: ich glaub aber das genaue gegenteil: er hält die geschichte für möglich und glaubt dass er eine gute art gefunden hat zu erzählen

O.: vergiss nicht was wir gerade

I.: na in welchem verhältnis steht denn deiner meinung nach diese na die mehr, mehrdeutigkeiten in der schreibweise was für ein zusammenhang mit der geschichte? was wird denn überhaupt gesagt?

O.: ja gesagt. gesagt. du weisst ja, Orpheusgeschichten (pause) ein bisserl anders gedacht (pause) der sänger versagt nicht weil er zum beispiel das ende nicht erwarten kann oder zum beispiel dass er einer abmachung misstraut (pause) na undsoweiter sondern dass er ein bild zum beispiel eine erinnerung mit der wirklichkeit vergleicht eine vorstellung mit einem erlebnis

I.: und dass die mythologie heruntergekommen is das is

aber nichts neues mehr du. warum überhaupt mythologie? warum Orpheus? erklärt uns der Orpheus etwas was wir anders nicht begreifen, oder erklärt was wir erleben den Orpheus?

O.: vielleicht für einen der glaubt dass er in der Orpheustradition lebt

I.: ich weiss nicht, wenn einer (blättert) wenn jemand zum beispiel zigarrenkisten als ziggurats sieht (pause) und sagt mir das und weiter nichts, was is da zum begreifen?

O.: möglicherweise hat er sich das wort notiert, manche autodidakten

A. (sich verächtlich abwendend): Das war wohl mein ganz spezielles Kismet: überalles schreibm zu müssen;

O.: vielleicht so kleine verblüffende wetterleuchten, recht schnell vorbei damit man vielleicht das gefühl hat, das wabert aber in millionen ungesagtheiten die man auch alle noch berücksichtigen können müsste beim lesen! fja, vielleicht aber auch noch so eine (pause) so ein künstler, so eine künstlerphysik, wo eben der ziggurat deswegen mit der zigarre verbunden is, unterirdisch, weil es ähnlich klingt (pause) soll sagen dass die sprache eben selber eine art, was heisst, dass sie die wichtigste erkenntnis is die man haben kann und dass einer der viele wort kennt eben mehr von der welt weiss; dass der schriftsteller eben den bedeutendsten beruf genommen hat, der bedeutendste wissenschaftler is

I.: aber vielleicht is insofern was dran als er nicht irgendeine realität von sachen meint sondern glaubt eben weil alle leute die eine bestimmte sprache reden durch diese wortähnlichkeiten auch alle auf die gleichen ideen kommen

O.: ja das hat er dann ja auch ziemlich ausgearbeitet wenns auch eine schon ziemlich alte idee is (pause) ja und wenn sie nicht auf die gleichen ideen kommen was ja durch nichts zu überprüfen wär dann haben sie eben ‚unbewusst' die gleichen vorstellungen aber weisst mir is das eben nicht (pause) das is doch reichlich dünn weil eben alles geht und es is alles gleich weit weg von dem was passiert wenn man besser aufpasst

I.: ja eben oder

A. (sich verächtlich abwendend): (‚Kuh-Mäh. Kuh-Mäh.') Verschalte Tartarostigkeiten;

I.: meint der vielleicht auch Kyme? und warum? und is das rostige schon im Tartaros drin? so wie der K. gesagt hat dass im ‚Unterfertiger' immer auch irgendwie der ‚Tiger' drin is?

O.: na das is eben seine atmosphäre des altertums, da kann wer was dagegen haben oder dafür

I.: naja aber abgesehen vom ‚witz' ich hab dabei immer das gefühl dass ich etwas verliere, nicht dass ich was neues dazubekomm (pause) wenn da einer sitzt und weint und ich frag ihn was hast du denn und er stottert erst ein bisserl und fangt an dann Ehrenstein aufzusagen (pause) ich versteh schon dass er mir nicht ‚einfach' erklären kann oder will aber (pause) ich versteh doch genausowenig was er jetzt im Ehrenstein sieht (pause) was der ihm erklärt hat (pause) und wenn ich den Ehrenstein versteh so wie ich ihn eben versteh, so sagt mir dann der Ehrenstein was der da zum weinen hat? (pause) ich bin irgendwo weiter weg als vorher, wenn ich mir seinen anzug angeschaut hätte hätt ich genausoeine erklärung bekommen

O.: so ein auswechseln von stereotypen, die umgangssprache tauscht er gegen so einen stereotyp der literaturtradition (pause) aber es scheint eben manchmal viel mühsamer zu sein, beim schreiben jedenfalls, aus dem gängigen klischee, also vielleicht aus dem zeitungsdeutsch, zeitgenossendeutsch, etwas individuelles auszugraben was auf das passt für dich passt was du sagen willst (pause) und doch so (pause) so verformt is dass du merkst dass ich was sagen will was noch nicht in der zeitung gestanden (pause) hat

I.: und in der literaturtradition?

O.: hast du natürlich so damalige abstufungen und ver verzerrungen von formen fertig und das neue is schon dass du die form heute anwendest, du brauchst da garkeinen gedanken haben, einen neuen (pause) ich mein, er bewegt sich doch in dieser literatur so von diesen alten burschen als ob er heute in den damaligen auseinandersetzungen partei ergreifen müsste (pause) er glaubt doch dass ihm der Wezel helfen könnte etwas zu meinen er greift eine differenz auf die längst nicht mehr brauchbar is und halt sich für den hüter der flamme! ein leser glaubt vielleicht dass da was angedeutet is was dem heute verstehbaren eine neue dimension gibt als ob die beste welt heute was anders sein könnte als ein damaliger propagandaslogan

I.: naja aber das is es doch! wenn mir das zitat stark vorkommt hab ich das gefühl so kanns nicht gemeint sein weil was wiederholt wird was einer schon erlebt hat (pause) als ob ichs jetzt deswegen anders sehen müsste

O.: das sind so art zinsen von seinem stil

I.: und wenns nur so beiläufig stimmt oder die millionen kalauer da: ich rutsch über das beiläufige weg von dem was ich hab verstehen wollen

O.: oder man glaubt ders schreibt will dir zeigen dass es ihn garnichts angeht; dass ers so genau nicht wissen will dass er garnicht da näher ran will, so wies kalauer gibt aus angst vor dem was vorgeht

I.: oder dass es ihm dass ers als eigene schwäche sehen würde vertuscht er dass ers persönlich nimmt, zeigt er weils ihn ja doch fasziniert ganz beiläufig und arrogant drauf wie einer der einem kind zeigen will dass er das alles bestens kennt

O.: genau (pause) aber hast du nicht gleichzeitig auch das gefühl dass er sagen will: benenn die sache und du brauchst nur mehr auf das wort aufpassen, dann wirst du immer besser begreifen, die sprache versteht besser als du!

I.: ja aber so mystisch wird er doch garnicht

O.: und, sagt er, wenn ich dir da ein wort schreibe, das du verschieden lesen kannst, dann (pause) dann stimmen eben alle lesarten. da gibt es wahrscheinlich so einen begriff von eleganz einerseits, so eine art ökonomie wenn man zwei verschiedene sachen mit einem einzigen wort sagen kann oder draufkommt dass es geht und es schaut aus als ob beide gemeint wären und folglich die eine die andere illustriert

I.: ja aber is die schriftstellerei nicht überhaupt so eine sache von vorstellungen die nicht durch betrachtung von sachen oder vorstellungen sondern durch worte miteinander in zusammenhang kommen (pause) is nicht zum beispiel die ganze unsinnspoesie oder Carroll

O.: ja solang es ein spiel is oder eine witzelei is es eh in ordnung, solang was ausprobiert worden is (pause) aber ich glaub dass feststeht dass diese sprach und zeichenschwärmerei nichts gebracht hat trotzdem is er (pause) trotzdem is er da auf erkenntnis aus (pause) er sagt zwar er wills dem leser leichter machen aber diese verbesserung von Joyce is mirscheint so ein herauspicken von sachen die irgendwie, na sich als methode zum finden von einsichten (pause) und dann gibt es so eine art humor wenn sich die beiden sachen nicht in die selbe richtung stellen lassen und im gegenteil so eine art von definitheit wenn beide lesarten in die gleiche richtung zeigen (pause) naja und eben so eine vage na eben poesie wenn das wort so etwas mitschwingen lässt was du nur auf umwegen auf das zuerst verstandene beziehen kannst (pause) so eine art mitmeinerei (pause) und da gibt es eben wahrscheinlich die analogie dazu: zwischen beschriebener szene und zitat, und ganz analog zwischen der vordergründigen erzählung und der mythologischen vorlage und der dichter is ganz ausser obligo

I.: na is denn sowas nicht erlaubt? kann das nicht auch was interessantes werden?

O.: vielleicht schon (pause) aber mir kommt das vor wie ein zeitstil dem man nach hundert jahren ideen von woandersher aufpfropft – ideen die auch schon wieder überholt sind, und wo die meister viel schwächer sind als die anfänger weil sie glauben dass er etwas leistet was er eben nicht kann (pause) ich glaub es passt aber gut in seine allgemeine neigung hinein, nenn es: von hier aus die geschichte entscheiden oder nenn es: die geschichte heute partei ergreifen zu lassen (pause) er will irgenwie die schriftstellerei retten, sie soll so eine instanz sein wie zum beispiel wissenschaft aber er bleibt immer in den alten auffassungen drinnen er kommt nie zu einem radikalen zweifel, es is immer noch die dichtmaschine (pause) fasziniert von etwas was wie selbstbewegung der sprache ausschaut, wie selbständigkeit der formeln aber trotzdem spielt das gespür noch eine rolle und die seher sind immer noch obenauf

I.: so eine sprachbehandlung ist aber doch nicht sehr alt

O.: oh ja, ja wie alt sie is kann ich nicht sagen, aber geisteskranke haben solche tricks immer schon glaubich verwendet so zum beispiel namensmagie, zum beispiel wenn der Kuhlmann geglaubt hat dass der Coleman sein feind is und als kohlenmann so eine art heisses prinzip das er mit kühlung bekämpfen kann (pause) wenn der Kuhlmann zum beispiel Quirin Weiss geheissen hätt wär der Coleman halt ein schwarzes prinzip

I.: so eine schreibweise wird glaub ich so einen ‚mittleren' leser brauchen, einen der nicht nur automatisch drüber wegliest weil er sich die fabel gleich stereotyp konstruiert hat und alles was er liest sich von ihr aus von selber erklärt (pause) aber der auch wieder nicht zu viel nachdenkt und seine vorstellungen spielen lässt denn der würde natürlich sofort auf interpretationen kommen die von dem, na vom autor den vom autor gesehenen sinn ruinieren (pause) es müsste eine art spiel sein das lesen

O.: ja, nicht, aber das gefühl wär immer dabei dass doch etwas ‚tieferes' drin liegt, nicht (pause) aber klarerweise werden solche schriftsteller schon alles was einem andern dazu einfallen wird (pause) na jedenfalls was dem auf dem niveau einfallen wird auf dem sie ihre sachen selber sehen, das werden die immer schon mitreklamieren als ihre leistung

I.: naja aber ein witz scheint mir bei der heutigen literatur dass die meisten schriftsteller auch heute noch glauben glaubich dass der leser, der gute leser werden sie sagen ihre sachen so liest wie sie sie selber lesen höchstens nicht ganz so ‚tief' und sie selber finden natürlich das drin wieder was sie glauben dass sie schreiben haben wollen

O.: naja er verlangt ja auch diesen traditionellen ‚guten' leser und baut auf ihn – nicht zuletzt deswegen, scheint mir, weil er so einen und nur einen solchen eben berechnen kann und ‚überholen'. aber mit dem will er ja noch viel mehr erreichen:

A. (sich verächtlich abwendend): Im Leser würde theoretisch solchermaßen zwangsweise die Illusion eigener Erinnerung suggestiv erzeugt werden!

O.: na is dir POCAHONTAS wie deine eigene erinnerung vorgekommen oder hats wenigstens den stil deiner erinnerung?

I.: naja das ist ja auch erst ein beispiel aus der ersten praktischen Versuchsreihe

O.: ja wär er dabei geblieben vielleicht wär doch was stärkeres gekommen jedenfalls hätte er sehen müssen dass es eine sache is, erlebnis oder vorstellungsinhalte für sprechformen zu halten und eine ganz andere dann aber was beim ausprobieren der theorie herauskommt

I.: ja es schaut so aus als ob er mit jeder analogie, sag mit einer ‚form'-‚inhalt'-analogie, -‚analogie', gleich so zufrieden is dass er nicht mehr näher zuschaut! glaubst hat er, theoretisiert er erst und schreibt dann danach?

O.: jedenfalls versucht er ja immer wieder so was einem bekannt vorkommen könnte an seiner schreibe mit ‚neuen' erklärungen zu was ganz neuem zu machen und arbeitet das in sachen hinein (pause) das is übrigens für mich noch der interessanteste aspekt von ihm, sozusagen sich selber ‚umverstehen' zu wollen, wenn er nur nicht auch da so traditionell bliebe! (pause) es is doch klar dass solche stilfragen formfragen und alles detail was damit zusammenhängt eben nicht nur im elementaren immer noch völlig ungeklärt sind und da könnte man sich eben noch von innen sozusagen ranarbeiten, ich mein, warum soll man nicht versuchen über das denken, so von der literatur her etwas über das denken zu finden; aber wie kann man was finden wenn man nicht über beobachtungen sondern über theorien von anderen spekuliert?

I.: aber er hat doch selbst geschrieben, eh dort,

A. (sich verächtlich abwendend): es ist nötig, endlich einmal zu gewissen, immer wieder vorkommenden verschiedenen Bewußtseinsvorgängen oder Erlebnisweisen die genau entsprechenden Prosaformen zu entwickeln.

I.: na bitte, also sinds ja doch bewusstseinsvorgänge, die ihn interessieren, erlebnisweisen!

O.: oder lieber prosaformen. wenn er da was über sich-erinnern schreibt also da sieht man doch dass es ihm auf das garnicht ankommt also auf das was da wirklich zu merken is beim sich-erinnern (pause) was da längst zum beispiel vor diesen irgendwelchen worten da is und auch vor diesen bildern – man weiss ja garnicht was da bilder heisst überhaupt, sind das innere anblicke oder schon sätze als bilder gemeint oder was –

A. (sich verächtlich abwendend): Welt der Zeichen: das sandsteinerne des Mondes; die ähnlichen Dreiecke der Giebel; tausendfüßig schritt die Allee; trübten Laternen die reine Schwärze, schliffen Grillen, wieder schimpfte ein Hund hinter uns her.

I.: schönste hergebrachte poesie – endlich ein experimenteller der verständlich is und tradition hat

O.: ja worauf es mir ankommen würde (pause) erinnerung is doch was anderes als solche sätze was anderes als sätze überhaupt (pause) und es geht doch an der sache vorbei wenn du die Entsprechende Prosaform (pause) so in der anstrengung sowas wenn du das so in den stil hineinspitzt

I.: ja wie sonst

O.: es kommt ihm eben garnicht auf die erinnerung selber an was das is und wie es geht sondern auf das, woran er sich erinnert! und wie es aufgebaut wird is ihm egal er könnt sonst draufkommen dass er im kino geweint hat (pause) na und dann arbeitet er bis es auf dem papier steht kann schon sein dass es ihm treffend vorkommt aber dann is er halt selber das fehlende glied

I.: ja wie sonst soll man über erinnerungen

O.: na der stil is ablenkung und ausrede. es gibt garnichts als sich selber besser zu beobachten und versuchen ein paar mehr von den zipfeln von diesem vorgang selbst herauszuziehen, wenigstens eine kleinigkeit von den einschränkungen zu begreifen, nicht immer so hineinklicken in den alten jargon (pause) wenn es irgendwas gibt wo man den hebel ansetzen kann dann is es doch davor – vor den vergleichen die sich dir dazu aufdrängen

I.: ja aber wie soll man sonst zum beispiel über oder von erinnerungen schreiben, du musst doch worte

O.: na wie ich sag besser aufpassen und sich darüber klarer werden wie die erinnerung zu worten wird, beobachten wie der stil wie eine autobahn wirkt und dich vorüberführt an allem was von dir da is (pause) sich klarmachen so gut es geht was denn überhaupt vorgeht bevor das klischee fertig is und wie einer beurteilt ob dieser worteinfall zu dem passt was er merkt

I.: eine literatur die die sprache möglichst lang möglichst weit weg hält von den vorstellungen?

O.: die sich ständig klar macht welcher mechanismus welche mechanismen eine vorstellung auf konventionen projizieren (pause) sicher das ziel is endlich einmal eine konkretere vorstellung von diesen vorgang haben (pause) aber viel is schon geleistet wenn man begreift dass eine der wichtigsten unklarheiten genau hier liegt wenn man begreift dass was weiss ich ‚wortvorstellungen' nicht nur einfach fertigbausteine vorstellungen von klangbildern oder grammatikalische funktionen oder wortassoziationen sind mit denen man nur spielen braucht sondern dass dazu ein gefühl manchmal schon eine hypothese gehört wie sich die worte und sätze zu dem verhalten was man von sich doch so deutlich spürt (pause) oder nicht garso deutlich (pause) bevor man sich da in eine normverständlichkeit verkauft (pause) zu diesem eigenen empfinden zu dieser ‚sachvorstellung' die ja wenn überhaupt das is was vor einer wortwahl liegt (pause) und andrerseits wie was man sagen wird wirken wird und kann, auf sich selber und andere, was es is was da verloren wird da wär schon einmal eine experimentelle literatur die nimmer an der literaturgeschichte herumbastelt

I.: ja aber in den späteren sachen hat er doch

O.: is er doch auch nicht weg davon

A. (sich verächtlich abwendend): In ei'm molkichtn Himmel die todtblasse Furienmaske der Sonne. Ein breiter SüdSektor LindnBlütnDuft. (Jenseits des Baches noch der TotenfingerNagel eines Mondes.)

I.: was gehts da auch noch um die genau entsprechenden

O.: nein da is er leider schon endgültig weg von einer eigenen theorie

I.: wieso doch im gegenteil

O.: ja ich mein er hat sich nimmer mit bewusstsein und so, er wirft sich lieber auf das unbewusste (pause) aber vielleicht hätt er das eh nie können da näher dran, von allem anfang wie eine gravitation dieser angestammte anthropomorphismus, so alles was ihm auffällt is eine person – dort wo nichts wichtiger wär als sich selber als eine fremde form zu sehen die dann aber auch mit einem ganz anderen umgang mit der sprache beschrieben werden muss (pause) die eben nicht in ein soziales verhalten zerlegt wird oder in archetypen oder was weiss ich für humanitäten (pause) so wo meine zuneigung, wo ich zum beispiel durch meine angeblichen zuneigungen oder mein anthropoides beobachtungsverhalten charakterisiert bin, oder wo triebregungen auftauchen die wie ein schiessbudengewehr schon auf irgendwelche panoptikumsstandards zeigen (pause) oder wo im schlimmsten fall meine katastrophe darin besteht dass ich vergewaltigt oder entlassen werd – Proust ist doch nur dort wirklich spannend wo er versucht aus diesem anthropomorphismus herauszukommen, und den Joyce halt ich eigentlich nur an dieser einen stelle im Ulysses aus wo die strassenszene aufhört so ein spannungsfeld von menschlichen beziehungen zu sein und wo für einen moment die psychologie und die mythologie verschwunden is is eh reichlich kurz, wo ich das gefühl hab ich müsste jetzt hier die konvention erraten (pause) eine unbekannte (pause) aber vielleicht natürlich war der ganze Ulysses seinerzeit, hat er auf die zwanzgerjahre wie beschreibung von fremden formen gewirkt

I.: es kommt doch immer wieder vor dass, ich weiss nicht, beim Kafka zum beispiel, dass es eine ungeheure sache wird wenn einer ein glas in die höh hebt, wenn das is wie wenn man auf einem ‚fremden planeten' wär und nicht genau weiss worauf man aufpassen soll wenn sich was bewegt (pause) aber da beim

O.: ja der Kafka is auch ein gutes beispiel wie wir vorhin gesagt haben weil also zum beispiel mir bei weitem am besten diese bestimmte nachlassachen gefallen und tagebuchstellen

I.: ja

O.: ja und der gedanke is doch lustig dass am meisten vom Kafka wirken wird (pause) weil da bin ich sicher nicht der einzige (pause) also das was der Kafka garnicht allein, also was der Kafka zusammen mit dem Brod und mit dem drucker gemacht hat weil er nicht dazu gekommen is das so auszuarbeiten dass man sagen würde das is also wieder typisch so ein rezensenten-Kafka

I.: ja der Brod wird das aber garnicht gesehen haben oder gar der drucker

O.: ja der Kafka ja wahrscheinlich selber nicht (pause) die gedanken die ihn dazu gebracht haben zum notieren die stehen einem nicht so schematisch vor augen es wirkt viel kühner

I.: aber beim SCHMIDT gibts ja nur schwierigkeiten wenn man das richtige lexikon grad nicht bei der hand hat, und man hat auch das gefühl dass es eh wieder nur die alte tour sein wird wenn mans gefunden hat (pause) und andauernd nichts als stärkste kräuter

O.: ja aber das wird sicher nicht das sein was so vielen lesern so gut vorkommt, sicher nicht was vor zwanzig jahren noch eine mordsschweinerei gewesen is und was heute schon wieder eine is (pause) wenn auch aus anderen gründen (pause) und sicher sinds auch nicht die gschichtn

I.: man kann übrigens glaubich ganz gut sehn wie er immer mutiger wird damit wahrscheinlich hat er den Freud erst später gelesen

O.: ja das wird eben der bruch (pause) na und Joyce

I.: ja aber den doch früher aber den Freud

O.: na eben vor KÜHE IN HALBTRAUER wahrscheinlich oder während

I.: na du bist ja auch schon so ein scharfsinniger

O.: ja das eine was ihnen spass macht is das ostereierfinden (pause) wird einmal einer noch eine geschichte mit anspielungen schreiben wenn man die zitate alle findet geben die fehlenden wörter die lösung

I.: na aber es is schon lustig manchmal

O.: das is wahr manchmal (pause) aber was das betrifft so weiss ich doch nie recht ob er nicht doch das beiläufige und kalauerische ernst meint und nur so vorbringt weil dann der ernsthafte widerspruch ausfällt

A. (sich verächtlich abwendend): wenn es mir doch bloß nochma gelänge, so gansgans sinnich-einfältich zu werden!

O.: solche sachen sind doppelbödiger humor

I.: aber doch werden viele innig nicken wenn der hund Kirby heisst und der chef Otulp

O.: ja da kann man natürlich noch eine menge lernen (pause) aber es wird schon schwieriger wenn der motor Tainaron-Tainaron wenn der Herkules auch noch in den Orpheus reinmuss (pause) ich mein so ganz unlustig is es eh nicht aber schöner wärs mir doch wenn diese sachen ihren rang vom autor selber bekommen hätten, wenn er als eine art hochgebildeter blödler für archivare (pause) aber so wie er sich versteckt möchte er doch von anderen seine grösse entdeckt bekommen

I.: na kriegt er doch reichlich

O.: na deswegen will ich doch noch einmal so einen aufsatz schreiben

I.: kommt dir das nicht irgendwie arm vor?

O.: einerseits genier ich mich eh; denn gegen seine literatur selbst hab ich weniger als gegen die, die mit so einem erfolg leitartikelpsychologie verfeinern (pause) is doch ein wahnsinn heller als tausend sonnen was hier heute grosse literatur is und (pause) und irgendwie zwischen Grass und Handke kommt er mir fast noch stark vor

I.: wie ein fliehendes pferd

O.: wahnsinn. so schaut es nämlich in wirklichkeit aus:

A. (sich verächtlich abwendend): Sprache wuchert in Walsers Romanen so ins Unbegrenzte / Entweder die Politik . . . oder seine manische Sprachversessenheit

I.: no so schaut sie halt aus

O.: na eben und dagegen is er freilich noch ein schriftsteller,wir leben in einer armen Zeit (pause) aber so geht das doch eben auch wieder nicht dass einer wegen krassen mangels an alternativen so von zeitungsdienern und literaturprofessoren zum turm in ihrer schlacht erklärt wird

A. (sich verächtlich abwendend): Wenn mich die Offiziellen loben werden: dann iss Zeit aufhören!

I.: na aber dann solltest du eigentlich ja gegen diese offiziellen was machen und ihn in ruh lassen oder wenigstens nicht so

O.: na ich geh eben um mit ihm wie er mit dem Poe er is halt da meine kunstfigur und meine rezensentenklappe

I.: und kein gutes haar an ihm?

O.: aber schon (pause) vielleicht sauft er

I. (lachend): geh wieso

O.: weil mir seine sachen viel lustiger vorkommmen wenn ich einen hinterm krickerl hab (pause) nein aber sicher is, wenigstens wo er ‚reaktionär' is denk ich nicht viel anders als er (pause) mal abgesehen von seinem geschlechtskomplex (pause) aber bigotterie und pfafferei und so, zeitgeist literatur und prominenz aber ich fürcht dass meine gründe immer ein bisserl anders liegen (pause) oder was er da so gelegentlich über staat und regierung sagt nur dass das eben auch da so vorsichtig is, so weit weg, und flach wie das Fischer Lexikon (pause) er is sowas wie ein ehrenhafter spiesser

I.: Aufklärung, haben ja schon ziemlich viele geschrieben

O.: ja aufklärung aber wie schaut die bei ihm aus? wie schaut die überhaupt heute aus die aufklärung?

I.: na gegen dogma halt, so wissenschaftlichkeit, gegen obskurantismus; gegen götter tyrannen gegen zwang aus metaphysik, gegen vorschriften aus der offenbarung gegen angebliche geschichtstraditionen . . . gegen dieses Dunkelmännertum! toleranz

O.: ja toleranz wär eine gute sache wenns nicht nur ein traum wäre – oder is das noch die gleiche toleranz wenn die besserwisserei sich heute auf systeme stützen kann die einfach materiell besser dastehn als die damalige systematische besserwisserei und weniger angst braucht? is das die toleranz, die der formalismus heute inhalten gegenüber gelten lassen kann? da is die SCHMIDTische aufklärung doch überhaupt nimmer aktuell sie is schon längst überholt von einer vernunft dass man herzflattern kriegt und schaut ihm mitleidig zu

I.: aber das will er doch auch, so eine verbindung von literatur und naturforschung

O.: ja die hat heute freilich untertöne von denen sich die burschen damals nicht viel träumen haben lassen (pause) wenn die sprache wichtiger is als die gedanken, wenn die interpretation meines traums wirklicher is als der traum, wenn mein bewusstsein wegerklärt is wie der staatsgott und der konsens schon wieder wie der pythische spruch funktioniert? is diese aufklärung denn nicht, und da is der SCHMIDT wahrlich ahnungslos in seiner einsamkeit, in der psychologie, in der soziologie, in der philosophie der mathematik wenigstens zum herrschenden teil, in der philosophie der demokratie mit ihren intersubjektivitäten der neue obskurantismus, wieder gegen den einzelnen, und arbeitet noch viel gefährlicher als er ja doch von zeit zu zeit ein kleines objektives wunder wirklich zusammenbringt?

I.: na hör mal das klingt mir aber ziemlich nach dunkelmann mein lieber!

O.: hast du noch nicht begriffen, dass du nicht mehr als bewusstsein existierst, sondern als eine seele die das wesentliche an dir is: und die seele fährt parallel zu dir im polizeicomputer nach Berlin, wenn du in München ins flugzeug steigst? und sie kommt in ein viel wesentlicheres Berlin als du weil sie ins statistische Berlin in die eigentliche landschaft des computerverbands fährt? in die offenbarungen des Rechts und der Erkenntnis?

I.: na das isses doch wogegen doch sicher auch der SCHMIDT, das is doch eine höhnische umkehrung

O.: nein. das is das gleiche wie zum anfang: die Aufklärung is immer noch die selbe: die mittel werden für den inhalt gehalten. sowenig einer mir kommen soll und gegen irgendwelche mittel als mittel protestieren, so wenig darf mir einer kommen und sagen die burschen wenden das nur einfach falsch an. denn der hat nicht begriffen dass die meisten menschen ihre mittel sind, identisch mit ihnen, und dass die computergespensterln ja nur wenige wirklich treffen nur wenigen was wegnehmen

I.: ja aber da bist ja doch du der irrationale, das lässt sich doch alles mit vernunft

O.: eine vernunft die an den spitzen ihrer werkzeuge aufhört is nicht annehmbar

I.: obskurantist!

O.: ja aber! wenn mir das wichtigste die momente sind an denen meine vorstellung mit dem objektivgemachten nicht übereinstimmt (pause) wenn ich kompetent bin nur als der der sich ‚normal' verhält, das heisst also wie seine computerseele, wenn so ein riesenreich von bereits verstandenem und in diesem wie immer auch einseitig verstandenen sinn formalisierten den massstab abgibt für die, für den rand der für mich schon fast nur mehr deswegen sinn hat weil er für andere keinen sinn hat – oder gibts das vielleicht nicht? ist es denn wirklich so dass wir nur an der sprache arbeiten müssen und sie wird eines tages von allein so auf die welt passen dass sich mein bewusstsein zur endgültigen ehre der logik als überflüssig erweist was heisst als gespenst aus der vorzeit erweist und in einem datensatz geläutert werden muss?

I.: was regst dich denn auf

O.: ja da is irgendein so ein hauptpunkt auch mit dem SCHMIDT z.b. was er da irgendwo mit dem Kafka in so einem rundfunkessay

I.: übern Joyce glaubich

O.: ja mirscheint – zwar hab auch ich radiostimmen nie ‚unheimlicher' empfunden als käuzchenschreie – aber das nehm ich ihm wirklich übel dass er da wo der Kafka über leichen geht über literaturleichen wie den Odysseus, um einen paradoxen gedanken zu na irgendwie in ein gleichnis zu kriegen, dass er da so aufklärerisch auf fehlleistung losmacht!

I.: so wie du beim SCHMIDT damals

O.: ah was einen interessanten widerspruch tät ich ihm nie wegeskamotieren

I.: na is es denn keine fehlleistung?

O.: wie kann man das eine fehlleistung nennen wenn die fabel den gedanken nicht aushält wenn er das nächstbeste vehikel nimmt und es dabei hinwird? was wird ein aufklärer je von Kafka begreifen?

I.: wenn das alles is von seinem aufklärertum

O.: aber nein wieso denn das is doch eben der heroismus der ihm am besten entgegenkommt, so wenn er sich hinausflüchten kann ins objektive wenn die beschreibung von etwas das jeder sehen kann das korsett für die neurose abgibt! (pause) schau dir doch an diese alle fünfzig seiten auftauchenden messtischblätter, diese längen und breitenangaben, diese staatshandbücher, diese details von sichtbaren sachen statt detailbeobachtungen an sich selber, diese logarithmentafeln noch dazu, die ganze tote literatur (pause) und was kommt ins tagebuch?

A. (sich verächtlich abwendend): Erst mal s Wetter Temperatur, Barometer, Wind; Bewölkung, Niederschläge, Himmelserscheinungen

I.: O du seelenloser Automat

O.: na wenn sich Orpheus auf der suche nach Eurydike

A. (sich verächtlich abwendend): ich hatte mir zu meiner Reise wohl-weislich ein ‚Hoch' erkoren

O.: was soll man da

A.: aufklärung?

O.: na sieh das doch zusammen mit seiner sprachgläubigkeit – der bursche schiebt das alles doch nur vor, masse, worte, überprüfbarkeiten aller art – der zittert seinen objektpanzer doch immer ängstlicher in sich hinein und möcht sich am liebsten in seine beschreibbare umwelt auflösen

I.: ja ich weiss nicht recht (pause) sicher is das eine seite aber da sind zwei punkte (pause) einmal sicher doch sein streben nach möglichst starken ausdrücken, das is doch sicher nicht weil er sie zu einer äusserlichen ordnung braucht! und dann will er doch wie gesagt so eine schriftstellerkultur und die is doch wie gesagt so eher historisch ausgerichtet und in mancher hinsicht den wissenschaften entgegen!

O.: so unvereinbar kommt mir das aber nicht vor (pause) sicher (pause) er kommt nicht immer ganz zu rand schau dir diesen Fouqué einmal an (pause) als schriftsteller lasst er ihn gelten nicht aber als ein mensch mit ansichten (pause) wie kann einer das? (pause) wenn der Fouqué mit starken worten was unerträgliches sagt

I.: wo sind da starke worte?

O.: oder mit einer gelungenen form

I.: wo is denn

O.: is doch egal, was heisst das dann: der dichter is bedeutend aber was er denkt is blöd

I.: naja bei jemand anderm als dem Fouqué könnt ich mir vorstellen dass einer halt so der halt so ungewöhnliche formen verwendet, dass der halt was meint was genauso ungewöhnlich is, so bestimmte wahnsinnige zum beispiel

O.: na dann müsste man den nipf haben und ihm einen inhalt dazukonstruieren der es wert wär! wenn der SCHMIDT so was gemacht hätte na dann brauchten wir nicht zu diskutieren (pause)

I.: na vielleicht will der SCHMIDT sagen dass da irgendwas grossartiges was heroisches drin is wie sich der Fouqué in der art wie ers macht von diesen banalen sachen herauswindet (pause) dass er vielleicht das was ja wohl gemeint is dass er das nur als vorwand zum abhauen verwendet

O.: Fouqué?

I.: ja wie sonst das lob rechtfertigen? ‚einer der grössten und interessantesten deutschen dichter überhaupt'

O.: also wenn das ‚handwerkliche' gemeint sein sollte, dann wären wir doch wieder bei der aufklärung. obwohl ich sowas beim Fouqué auch garnicht begreif. wenn der Fouqué ‚unsterblich' is so is er das doch nur als zeiterscheinung, is er deswegen weil die leute offenbar damals an seinen gschichten was anderes gesehen haben als den worten nach ‚direkt' gesagt wird oder worden is (pause) er überlebt als ‚träumer latenter inhalte' er überlebt als symbol oder leitfossil und nicht weil er einen gedanklichen anstoss gegeben hätte der ihn anders als im heimatroman überlebt hätte

I.: ja meint denn der SCHMIDT nicht dass die dichter sowas unbewusstes verkörpern und er meint ja das grosse daran is eben dass die das so leichter rauslassen können und zugleich besser und eingängiger formulieren (pause) dass es also darauf ankommt zum beispiel dass der Fouqué sozusagen typischere heimatromane und abenteuerromane schreibt, aber nicht, und grad nicht, originellere

O.: ja das wär vielleicht sein späterer Freudianischer standpunkt wie beim Poe (pause) na das kann ich nicht abstreiten dass der Fouqué eine form gefunden hat in der sich viele Leute ihre eigenen vorstellungen wiedererkannt haben in der sie sich getroffen haben (pause) da is natürlich ein starker gegensatz weil für mich ein bedeutender schriftsteller nur einer sein kann der grund spürt so einer grundkultur zu entkommen der ihr was entgegen setzen kann (pause) je unbewusster einer wird desto mehr misstrau ich dem unbewussten überhaupt wenn es immer mehr das ‚ewige' wird (pause) zum beispiel is der Sade trotz seiner armseligen prosa ein grosser schriftsteller: nicht weil er was ‚entdeckt' hat was erst hundertfünfzig jahre später als folklore reklamiert wird, sondern weil er einem humanitäts und staatsklischee das äusserste entgegengehalten hat was ihm erreichbar war

I.: der Sade wird ja auch für den SCHMIDT ein wichtiger mann sein aber aus einem andern grund – er hat eben zwei lieblingstypen, die seherdichter und die materialsammler

O.: o jetzt kommen wir wieder zurück auf die aufklärung (pause) und auf den punkt von dem aus das vielleicht eben doch vereinbar is (pause) denn ‚unsterblichkeit' meint er natürlich nicht als anstoss von neuen ideen und ‚genial' is ihm nicht einer, der neue zusammenhänge sieht (pause) sonst hätt er ganz andere prototypen aufgebaut mein ich (pause) sondern als eine art wiederbelebtwerden im zukünftigen geschichtsstudium, und ‚genial' is der geschickte techniker. dass so eine aufstellung von umgebungsmomenten, was weiss ich konservenmarken, abkürzungen, fahrscheinfarben, dass einer daraus seine welt wieder konstruieren kann, und deswegen versucht er das für den Fouqué eine hand wäscht die andere, und deswegen heissen seine längen und breitenangaben eben auch Arno was here, reliable Arno (pause) und seine resignation heisst: ich habe redlicherweise getan was vernünftigerweise von mir verlangt werden kann

I.: deswegen glaubt er ja auch dass heutige probleme die selben sind wie früher höchstens in verkleidung (pause) es bleibt ja nicht einmal aus dass er den stil der leute annimmt über denen er da schafft

O.: na und da kann man vielleicht sogar noch seinen expressionismus unterbringen und wir kommen wieder ganz zu anfang: der ‚starke ausdruck' und der grosse wortschatz kommen ihm ‚exakt' vor eben weil er eine ungebrochene höchstens von uns Goofies ignorierte schriftstellerkultur und schriftstellertradition voraussetzt (pause) wo man den worten ‚nachschmecken' kann aber nicht über ihre eigenschaft als ‚mittel' nachdenken braucht

I.: ich hab das gefühl dass er da angst hätte weil sich sein wirklichkeitsgefühl dabei auflösen könnte

O.: gegenmittel: triumph wenn was zu klassifizieren is (pause) will immer in einer mit traditionellen mitteln überprüfbaren wirklichkeit ankommen, und seine stauntatsachen entsprechen dabei seinem expressionismus (pause) aber wenn er auch irgendwie selber das klischee merkt und ‚relativiert' und relativiert (pause) ankommen tut er immer nur beim bedeutungslosen lernstoff, bei zählmarken

I.: komisch is es schon wenn die worte die einer bearbeitet bis sie ihm selber wie pure empfindung vorkommen dass die dann nicht anders wie zeigerausschläge wirken

O.: was für einen grund könnte es geben für einen leser, dem autor zuliebe eine konvention zu restaurieren die ausserhalb dieser lektüre nichts mehr tragt? sport? aber offenbar muss es noch viele leser geben die nur in dieser konvention weitermachen können – überhaupt: in meiner schätzung würde sich sein rang ganz drastisch ändern, wenn ich seine selbstdarstellung als empfindlicher spiesser für beabsichtigt halten könnte und nicht für unfreiwilliges material zu einer metaliteratur

I.: höreinmal aber eine hommage wird dein aufsatz da aber nicht werden

O.: nee (pause) hommage nicht

A. (sich verächtlich abwendend): Systematisches Expander=Ziehen, das ist es: friedlich im schtill=grünen Kämmerlein; und anschliessend gleich wieder an die höhere Litteratur.